Date _____   **Speaker** _____

Topic _____

Scripture References

_____

_____

Notes	Prayer Requests

Keywords

Further Study

Date _____   **Speaker** _____

Topic _____

Scripture References

_____

_____

Notes	Prayer Requests

Further Study	Keywords

Date _____ **Speaker** _____

Topic _____

Scripture References

_____

_____

Notes	Prayer Requests

Further Study	Keywords

Date _____   **Speaker** _____

Topic _____

Scripture References

_____

_____

Notes

Prayer Requests

Keywords

Further Study

Date _____   **Speaker** _____

Topic _____

Scripture References

_____

_____

Notes	Prayer Requests

Keywords

Further Study

Date _____   **Speaker** _____

Topic _____

Scripture References

_____

_____

Notes

Prayer Requests

Keywords

Further Study

Date _____   **Speaker** _____

Topic _____

Scripture References

_____

_____

Notes	Prayer Requests

Keywords

Further Study

Date _____   **Speaker** _____

Topic _____

Scripture References

_____

_____

Notes

Prayer Requests

Keywords

Further Study

Date _____ **Speaker** _____

Topic _____

Scripture References

_____

_____

Notes	Prayer Requests

Keywords

Further Study

Date _____   **Speaker** _____

Topic _____

Scripture References

_____

_____

Notes	Prayer Requests

Further Study	Keywords

Date _____ **Speaker** _____

Topic _____

Scripture References

_____

_____

Notes	Prayer Requests

Further Study

Keywords

Date _____   **Speaker** _____

Topic _____

Scripture References

_____

_____

Notes

Prayer Requests

Keywords

Further Study

Date _____   **Speaker** _____

Topic _____

Scripture References

_____

_____

Notes	Prayer Requests

	Keywords

Further Study

Date _____   **Speaker** _____

Topic _____

Scripture References

_____

_____

Notes

Prayer Requests

Keywords

Further Study

Date _____ **Speaker** _____

Topic _____

Scripture References

_____

_____

Notes

Prayer Requests

Keywords

Further Study

Date _____   **Speaker** _____

Topic _____

Scripture References

_____

_____

Notes	Prayer Requests

	Keywords

Further Study

Date _____ **Speaker** _____

Topic _____

Scripture References

_____

_____

Notes	Prayer Requests

Keywords

Further Study

Date _____ **Speaker** _____

Topic _____

Scripture References

_____

_____

Notes	Prayer Requests

Keywords

Further Study

Date _____   **Speaker** _____

Topic _____

Scripture References

_____

_____

Notes	Prayer Requests

Further Study

Keywords

Date _____ **Speaker** _____

Topic _____

Scripture References

_____

_____

Notes	Prayer Requests

Keywords

Further Study

Date _____   **Speaker** _____

Topic _____

Scripture References

_____

_____

Notes

Prayer Requests

Keywords

Further Study

Date _____   **Speaker** _____

Topic _____

Scripture References

_____

_____

Notes	Prayer Requests

Further Study

Keywords

Date _____   **Speaker** _____

Topic _____

Scripture References

_____

_____

Notes	Prayer Requests

Keywords

Further Study

Date _____   **Speaker** _____

Topic _____

Scripture References

_____

_____

Notes	Prayer Requests

Further Study

Keywords

Date _____ **Speaker** _____

Topic _____

Scripture References

_____

_____

Notes	Prayer Requests

Further Study	Keywords

Date _____ **Speaker** _____

Topic _____

Scripture References

_____

_____

Notes	Prayer Requests

Keywords

Further Study

Date _____ **Speaker** _____

Topic _____

Scripture References

_____

_____

Notes	Prayer Requests

Further Study	Keywords

Date _____   **Speaker** _____

Topic _____

Scripture References

_____

_____

Notes	Prayer Requests

Further Study	Keywords

Date _____   **Speaker** _____

Topic _____

Scripture References

_____

_____

Notes	Prayer Requests

Keywords

Further Study

Date _____   **Speaker** _____

Topic _____

Scripture References

_____

_____

Notes	Prayer Requests

	Keywords

Further Study	

Date _____   **Speaker** _____

Topic _____

Scripture References

_____

_____

Notes	Prayer Requests

Further Study

Keywords

Date _____   **Speaker** _____

Topic _____

Scripture References

_____

_____

Notes

Prayer Requests

Keywords

Further Study

Date _____   **Speaker** _____

Topic _____

Scripture References

_____

_____

Notes	Prayer Requests

Keywords

Further Study

Date _____   **Speaker** _____

Topic _____

Scripture References

_____

_____

Notes	Prayer Requests

	Keywords
Further Study	

Date _____   **Speaker** _____

Topic _____

Scripture References

_____

_____

Notes	Prayer Requests

	Keywords

Further Study

Date _____   **Speaker** _____

Topic _____

Scripture References

_____

_____

Notes	Prayer Requests

Further Study	Keywords

Date _____   **Speaker** _____

Topic _____

Scripture References

_____

_____

Notes	Prayer Requests

Keywords

Further Study

Date _____   **Speaker** _____

Topic _____

Scripture References

_____

_____

Notes	Prayer Requests

Keywords

Further Study

Date _____   **Speaker** _____

Topic _____

Scripture References

_____

_____

Notes

Prayer Requests

Keywords

Further Study

Date _____ **Speaker** _____

Topic _____

Scripture References

_____

_____

Notes

Prayer Requests

Keywords

Further Study

Date _____   **Speaker** _____

Topic _____

Scripture References

_____

_____

Notes	Prayer Requests

Keywords

Further Study

Date _____   **Speaker** _____

Topic _____

Scripture References

_____

_____

Notes

Prayer Requests

Keywords

Further Study

Date _____   **Speaker** _____

Topic _____

Scripture References

_____

_____

Notes	Prayer Requests

Keywords

Further Study

Date _____   **Speaker** _____

Topic _____

Scripture References

_____

_____

Notes	Prayer Requests

Keywords

Further Study

Date _____   **Speaker** _____

Topic _____

Scripture References

_____

_____

Notes	Prayer Requests

Keywords

Further Study

Date _____   **Speaker** _____

Topic _____

Scripture References

_____

_____

Notes	Prayer Requests

Keywords

Further Study

Date _____   **Speaker** _____

Topic _____

Scripture References

_____

_____

Notes

Prayer Requests

Keywords

Further Study

Date _____ **Speaker** _____

Topic _____

Scripture References

_____

_____

Notes	Prayer Requests

	Keywords

Further Study	

Date _____ **Speaker** _____

Topic _____

Scripture References

_____

_____

Notes

Prayer Requests

Keywords

Further Study

Date _____   **Speaker** _____

Topic _____

Scripture References

_____

_____

Notes

Prayer Requests

Keywords

Further Study

Date _____   **Speaker** _____

Topic _____

Scripture References

_____

_____

Notes	Prayer Requests

Further Study	Keywords

Date _____   **Speaker** _____

Topic _____

Scripture References

_____

_____

Notes

Prayer Requests

Keywords

Further Study

Date _____   **Speaker** _____

Topic _____

Scripture References

_____

_____

Notes	Prayer Requests

Further Study	Keywords

Date _____   **Speaker** _____

Topic _____

Scripture References

_____

_____

Notes	Prayer Requests

Keywords

Further Study

Date _____   **Speaker** _____

Topic _____

Scripture References

_____

_____

Notes	Prayer Requests

Keywords

Further Study

Date _____ **Speaker** _____

Topic _____

Scripture References

_____
_____

Notes	Prayer Requests

Further Study

Keywords

Date _____ **Speaker** _____

Topic _____

Scripture References

_____

_____

Notes

Prayer Requests

Keywords

Further Study

Date _____   **Speaker** _____

Topic _____

Scripture References

_____

_____

Notes

Prayer Requests

Keywords

Further Study

Date _____   **Speaker** _____

Topic _____

Scripture References

_____

_____

Notes

Prayer Requests

Keywords

Further Study

Date _____   **Speaker** _____

Topic _____

Scripture References

_____

_____

Notes	Prayer Requests

Keywords

Further Study

Date _____   **Speaker** _____

Topic _____

Scripture References

_____

_____

Notes

Prayer Requests

Keywords

Further Study

Date _____   **Speaker** _____

Topic _____

Scripture References

_____

_____

Notes	Prayer Requests

Further Study

Keywords

Date _____   **Speaker** _____

Topic _____

Scripture References

_____

_____

Notes	Prayer Requests

Further Study	Keywords

Date _____   **Speaker** _____

Topic _____

Scripture References

_____

_____

Notes	Prayer Requests

Further Study	Keywords

Date _____   **Speaker** _____

Topic _____

Scripture References

_____

_____

Notes

Prayer Requests

Keywords

Further Study

Date _____   **Speaker** _____

Topic _____

Scripture References

_____

_____

Notes	Prayer Requests

Keywords

Further Study

Date _____   **Speaker** _____

Topic _____

Scripture References

_____

_____

Notes

Prayer Requests

Keywords

Further Study

Date _____   **Speaker** _____

Topic _____

Scripture References

_____

_____

Notes

Prayer Requests

Keywords

Further Study

Date _____   **Speaker** _____

Topic _____

Scripture References

_____

_____

Notes

Prayer Requests

Keywords

Further Study

Date _____ **Speaker** _____

Topic _____

Scripture References

_____
_____

Notes

Prayer Requests

Keywords

Further Study

Date _____   **Speaker** _____

Topic _____

Scripture References

_____

_____

Notes

Prayer Requests

Further Study

Keywords

Date _____   **Speaker** _____

Topic _____

Scripture References

_____

_____

Notes

Prayer Requests

Keywords

Further Study

Date _____ **Speaker** _____

Topic _____

Scripture References

_____

_____

Notes	Prayer Requests

Keywords

Further Study

Date _____   **Speaker** _____

Topic _____

Scripture References

_____

_____

Notes	Prayer Requests

	Keywords

Further Study	

Date _____　**Speaker** _____

Topic _____

Scripture References

_____

_____

Notes

Prayer Requests

Keywords

Further Study

Date _____   **Speaker** _____

Topic _____

Scripture References

_____

_____

Notes

Prayer Requests

Keywords

Further Study

Date _____ **Speaker** _____

Topic _____

Scripture References

_____

_____

Notes	Prayer Requests

Keywords

Further Study

Date _____   **Speaker** _____

Topic _____

Scripture References

_____

_____

Notes	Prayer Requests

	Keywords

Further Study	

Date _____ **Speaker** _____

Topic _____

Scripture References

_____

_____

Notes	Prayer Requests

Further Study	Keywords

Date _____   **Speaker** _____

Topic _____

Scripture References

_____

_____

Notes

Prayer Requests

Keywords

Further Study

Date _____ **Speaker** _____

Topic _____

Scripture References

_____

_____

Notes

Prayer Requests

Keywords

Further Study

Date _____   **Speaker** _____

Topic _____

Scripture References

_____

_____

Notes

Prayer Requests

Keywords

Further Study

Date _____ **Speaker** _____

Topic _____

Scripture References

_____

_____

Notes	Prayer Requests

Keywords

Further Study

Date _____   **Speaker** _____

Topic _____

Scripture References

_____

_____

Notes

Prayer Requests

Keywords

Further Study

Date _____   **Speaker** _____

Topic _____

Scripture References

_____

_____

Notes	Prayer Requests

Keywords

Further Study

Date _____ **Speaker** _____

Topic _____

Scripture References

_____

_____

Notes

Prayer Requests

Keywords

Further Study

Date _____ **Speaker** _____

Topic _____

Scripture References

_____

_____

Notes	Prayer Requests

Keywords

Further Study

Date _____   **Speaker** _____

Topic _____

Scripture References

_____

_____

Notes

Prayer Requests

Keywords

Further Study

Date _____ **Speaker** _____

Topic _____

Scripture References

_____

_____

Notes	Prayer Requests

Keywords

Further Study

Date _____   **Speaker** _____

Topic _____

Scripture References

_____

_____

Notes	Prayer Requests

Keywords

Further Study

Date _____ **Speaker** _____

Topic _____

Scripture References

_____

_____

Notes

Prayer Requests

Keywords

Further Study

Date _____   **Speaker** _____

Topic _____

Scripture References

_____

_____

Notes	Prayer Requests

Further Study	Keywords

Date _____ **Speaker** _____

Topic _____

Scripture References

_____

_____

Notes	Prayer Requests

Further Study

Keywords

Date _____   **Speaker** _____

Topic _____

Scripture References

_____

_____

Notes	Prayer Requests

Further Study	Keywords

Date _____   **Speaker** _____

Topic _____

Scripture References

_____

_____

Notes	Prayer Requests

	Keywords

Further Study

Date _____   **Speaker** _____

Topic _____

Scripture References

_____

_____

Notes

Prayer Requests

Keywords

Further Study

Date _____ **Speaker** _____

Topic _____

Scripture References

_____

_____

Notes	Prayer Requests

Further Study

Keywords

Date _____   **Speaker** _____

Topic _____

Scripture References

_____

_____

Notes

Prayer Requests

Keywords

Further Study

Date _____ **Speaker** _____

Topic _____

Scripture References

_____

_____

Notes

Prayer Requests

Keywords

Further Study

Date _____   **Speaker** _____

Topic _____

Scripture References

_____

_____

Notes	Prayer Requests

Keywords

Further Study

Date _____   **Speaker** _____

Topic _____

Scripture References

_____

_____

Notes

Prayer Requests

Keywords

Further Study

Date _____   **Speaker** _____

Topic _____

Scripture References

_____

_____

Notes	Prayer Requests

Further Study	Keywords

Date _____   **Speaker** _____

Topic _____

Scripture References

_____

_____

Notes	Prayer Requests

Further Study	Keywords

Date _____   **Speaker** _____

Topic _____

Scripture References

_____

_____

Notes

Prayer Requests

Keywords

Further Study

Date _____   **Speaker** _____

Topic _____

Scripture References

_____

_____

Notes	Prayer Requests

Keywords

Further Study

Date _____   **Speaker** _____

Topic _____

Scripture References

_____

_____

Notes

Prayer Requests

Keywords

Further Study

Date _____   **Speaker** _____

Topic _____

Scripture References

_____

_____

Notes	Prayer Requests

Keywords

Further Study

Date _____ **Speaker** _____

Topic _____

Scripture References

_____

_____

Notes	Prayer Requests

Further Study	Keywords

Date _____   **Speaker** _____

Topic _____

Scripture References

_____

_____

Notes

Prayer Requests

Keywords

Further Study

Date _____   **Speaker** _____

Topic _____

Scripture References

_____

_____

Notes	Prayer Requests

	Keywords

Further Study

Date _____   **Speaker** _____

Topic _____

Scripture References

_____

_____

Notes	Prayer Requests

Further Study

Keywords

Date _____   **Speaker** _____

Topic _____

Scripture References

_____

_____

Notes	Prayer Requests

Keywords

Further Study

Date _____   **Speaker** _____

Topic _____

Scripture References

_____

_____

Notes	Prayer Requests

Keywords

Further Study

Date _____   **Speaker** _____

Topic _____

Scripture References

_____

_____

Notes	Prayer Requests

Further Study	Keywords

Date _____   **Speaker** _____

Topic _____

Scripture References

_____

_____

Notes	Prayer Requests

Keywords

Further Study

Date _____   **Speaker** _____

Topic _____

Scripture References

_____

_____

Notes

Prayer Requests

Keywords

Further Study

Date _____   **Speaker** _____

Topic _____

Scripture References

_____

_____

Notes	Prayer Requests

Further Study

Keywords

Date _____   **Speaker** _____

Topic _____

Scripture References

_____

_____

Notes

Prayer Requests

Keywords

Further Study

Date _____   **Speaker** _____

Topic _____

Scripture References

_____
_____

Notes

Prayer Requests

Keywords

Further Study

Date _____ **Speaker** _____

Topic _____

Scripture References

_____

_____

Notes	Prayer Requests

Keywords

Further Study